シリーズ
シニアが笑顔で楽しむ③

要支援・要介護の人も楽しめる シニアの心と身体が自然に動く歌体操22

斎藤道雄 著

黎明書房

はじめに

要介護のシニアにふさわしい体操を創りたい

この本は，おもに**介護が必要なシニアを対象にした体操の本**です。自立向けのもので要介護の人にもできるのではなく，あくまでも要介護の人のことから考えています。

要介護のシニアにふさわしいような体操を創りたい。ぼくがこう思うようになった理由はふたつあります。

ひとつは，**これまでの体操は元気な人を対象に創られているものが多く，要介護のシニアにとっては，どれも難しすぎる**ものが多いからです。経験上，要介護のシニアの特徴は，

・身体機能のレベルが著しく低下している傾向にある。
・思いどおりにからだを動かすことがうまくできない。
・言動がとても少ない。
・意欲減退。
・依存心が強い。
・物事への興味や関心がうすい。

そういう方々に向かって，「さあ，元気に体操をしましょう」と言っても，なかなか身体を動かそうとはしてもらえません。では，どう

したらよいのでしょうか？

ぼくが考える体操のイメージは次のとおりです。

① **思わず身体を動かしたくなる**ような体操
② なんとなくマネをしていればそれでよいような体操
③ 細かい**説明をしなくてもよい**ような体操
④ **元気に声を出すことができる**ような体操
⑤ グー・パーや手拍子など，ごく**シンプルな動きだけでできる**ような体操
⑥ よさこいソーラン節のように**活気のある**ような体操
⑦ エアロビクスのように**からだを動かし続ける**ような体操
⑧ 終わった後に，**心の底から「スッキリした」「気持ちよかった」と思える**ような体操

そんな体操がふさわしいと思います。

もうひとつの理由は，特別養護老人ホームなどの現場から，要介護のレクリエーション活動に関する質問がとても多いからです。

「介護度の重い人にもできる体操はありませんか？」
「片麻痺の人にもできる体操はありませんか？」
「車椅子を利用する人にもできる体操はありませんか」

現場では，身体機能のレベルの低い人たちにもできるような体操やレクリエーション活動の支援にとても困っている人が多いのが現状です。

そんな現場スタッフのためにも，要支援のシニアにふさわしい体操が必要です。

ぼくはこれまでに，たくさんの要支援や要介護のシニアを対象に体操を支援してきました。

車椅子にじっと腰掛けたままで，問いかけにほとんど反応がないようなシニアをはじめて目の前にしたときには，正直なところ，どうしてよいのかわかりませんでした。

きちんと体操をしようと考えれば考えるほど，自分の気持ちがあせるばかりでした。

冷静になって考えてみると，**要介護の人を自立の人と同じようにしようとしていた**自分に気づきました。

要介護の人には，要介護の人なりの身体の動かし方があります。たとえ，指示したとおりにうまくできなくても，思いどおりに身体が動かなくても，全く問題ありません。

そんなぼくの経験をふまえて，この本をつくりました。シニアのレクリエーション活動を支援する方々の少しでもお役に立つことができればとてもうれしく思います。

斎藤道雄

もくじ

心と身体が自然に動く歌体操支援のヒント

歌体操の5つの基本パターン

心と身体が自然に動く歌と体操

本書で紹介する体操の特徴

・童謡や唱歌を歌いながら身体を動かします。

・おもに，**要支援・要介護のシニア向けの体操です**（もちろん，自立の方もいっしょに実践することができます）。

・要支援・要介護のシニアにもできるように，**手と口をたくさん動かす**ことを考えて創りました。

・身体を動かさず，歌うだけの参加も大歓迎です。

・**１曲につき「やさしい動き」と「ふつうの動き」のふたつを紹介しています**。どちらかを選んでも，ふたつとも実践してもＯＫです。

・「グー・パー」や「バンザイ」などの，誰にでも簡単にできる動きを組み合わせて，体操にしています。

・「身体をねじる」「胸をそらす」などの，要介護のシニアには難しいと考えられる動きは，一切ありません。

・**複雑な図解をなくし，体操の要点だけを，わかりやすく紹介するようにしました**。

・**動きのパターンは５つだけ**で，誰でも簡単に覚えられます。

心と身体が自然に動く

歌体操

支援のヒント

1 自然に身体を動かす方法 歌えば思わず身体が動く

「歌いながら体操をする」という発想が生まれたのは，ある介護施設での出来事がきっかけでした。

そこには，ハーモニカボランティアという人がいました。ハーモニカを吹いて「これ知ってる？」とシニアに質問します。

みなさん，「うんうん（知ってる）」というふうに，うなずいています。

再びボランティアが，ハーモニカを吹き始めると，シニアたちは自然に歌い出すのです。

その様子を見ていたぼくは，ふとあることに気づきました。それは，**シニアの身体が動いている**ことです。

そのとき，ぼくが見た光景は，ただシニアが歌っているのではありませんでした。

はっきりと，シニアの身体が動いていたのです。

それは，驚きでもありました。

手やひざをたたいたり，身体や足でリズムをとったり，**歌うことで，なんと，ふだんあまり反応がないシニアまでもが，身体を動かしています。**

「もしかしたら，歌うことで自然と身体が動くようになるんじゃないだろうか？」

「だったら歌いながら体操をすればいいんじゃないか？」

このことが，体操に童謡を利用するきっかけになったのです。

2

思う存分に身体を動かす意外なコツ

存分に手を動かす

「歌うことで身体が動く」ということに，気づいたぼくが，次に考えたことは，とにかく**動きをシンプルに，やさしく簡単にする**ということでした。

ちなみに，よく知られているラジオ体操には，「背伸びをする」「身体を前後に曲げる」「身体をねじる」「身体をまわす」「両脚で跳ぶ」など，全部で 13 種類の動きがあります。

一見すると，どれもふつうの動きのようですが，**要支援や要介護のシニアにとっては，いずれも難しいものばかり**です。

「要支援や要介護のシニアにもできる，比較的簡単な動きは？」と，長年の経験から考えると，それは「手（腕）を動かす」ことでした。

たとえ，身体や脚が思うように動かなくても，手（腕）を動かすことなら，多くの人ができるのです。

あくまで経験則ですが，身体のなかでも，手（腕）の老化は進行が遅いようです。

要介護のシニアにとっては，動かしにくい全身を無理に動かすよりも，動かしやすい手（腕）をたくさん動かす運動をした方が，トータルで考えたときに，**「思う存分に身体を動かした」という気持ちになれる**と思います。

また，手（腕）と連動して，自然と身体も動きますから，結果的に全身運動になります。

こうしたことから，歌いながら思う存分に，手（腕）を動かすことを，考えるようになったのです。

3　童謡は子どもっぽいからいけない？
童謡を歌うことの驚く効果

よく，シニアには「子どもっぽいことを，させてはいけない」という話を聞きます。確かにシニアは，幼稚なことをさせられるのを嫌います。

では，童謡を歌うことも，子どもっぽいからいけないのでしょうか？

その前に，まず，大勢で童謡を歌うことのメリットについて，考えてみたいと思います。

① **誰でも知っている**ので，いっしょに歌うことができる。
② 大勢の人が，**いっしょに声を出すことができる**。
③ 大勢の人と，いっしょに声を出すことで，自分の気持ちや全体の**雰囲気が盛り上がる**。
④ 雰囲気が盛り上がるから，気持ちが高ぶる（心が動く）。
⑤ しっかりと声を出すと，**ストレスの発散になる**。

なかでも，②の「大勢の人が，いっしょに声を出すことができる」ことは，とても大切なことです。

声が出ると，全体が活き活きとした雰囲気になります。つまり，**声を出すことだけを目的として考えれば，童謡はとてもよい手段**だといえます。

実際に，童謡を歌うことを取り入れている介護施設も，数多くあります。

これだけのメリットがあるにもかかわらず，「子どもっぽい」というイメージだけで，敬遠してしまうのは，惜しいような気がします。

4 誰でもすぐ元気になる簡単な方法
元気を出すのではなく声を出す

どうして人は歌を歌うと，身体が自然に動くのでしょうか？

ある生理学者は，「人は気に入った楽曲を聞いていると，リズムに合わせて自然に身体が動きます。**リズムは耳でだけでなく，身体で感じている**のです」と言っています。

つまり，歌うことでリズムを身体で感じる。だから身体が動くというのです。

また，「**元気があるから声を出すのではなく，声を出すから元気になる**」という話を，聞いたことがあります。声を意識して出すことで，元気が出てくるそうです。

歌うことにも同じことが言えます。ぼくの経験では，**だまったまま身体を動かすより，声を出しながら身体を動かした方が，明らかに身体がよく動く**ようになります。

それはきっと，声を出すと元気が出るからなのです。

このように，歌うことは「リズムを身体で感じる」こと。歌うことは「元気が出る」ことなのです。

歌うことには，身体を動かす不思議な力があるのです。

5 参加を拒否する人への対応のしかた
本人ではなく全体に働きかける

シニアに体操支援をするときには，**「思いどおりにうまくできなくてもよい」ことを特に強く肯定します。**

全体が，「他人と比べずに，自分のできることをすればそれでよい」という雰囲気になれば，誰でも気軽に，参加できるようになります。

参加を拒否するような人には，「運動が苦手」「集団が苦手」「体力がない」「身体機能のレベルが劣る」などなど，いろいろな理由が考えられます。

そういう人に，「いっしょに体操をしましょう」などと誘っても，なにかの理由をつけて必ず断られます。

直接本人に働きかける以前に，誰もが気軽に参加できるような環境づくりをすることが大切です。

「無理をせず，気にせず，ゆっくり，楽しくやりましょう！」

ぼくは毎回必ず体操の前に，こう話します。毎回必ずです。また，体操をやりながら，うまくできずに困っているような人には，「気にしないで（できるものだけ）続けてください」と，頻繁に声をかけます。

1人ひとりに声をかけていると，多いときには50回以上，声をかけていると思います。

「うまくできないけど，大丈夫かしら。」

「大丈夫よ，できることだけやればいいんだから。」
こんな会話をしていた参加者がいました。
気軽に参加できる環境とは，まさに，こういうことなのです。

6

マンネリ化しない体操のヒント

小さく変化し続ける

「毎日，同じ体操ばかりでマンネリになってしまっています。」

「シニア向けの，新しい体操はありませんか？」

そんな質問をよく耳にします。

確かに，人は毎日同じパターンを繰り返せば，すぐにあきてしまいます。ただし，その**パターンを，ほんの少しだけでも変えれば，とても新しく感じられる**ものです。

たとえば，「故郷」の歌を使って，グー・チョキ・パーの繰り返しで体操します。「う（グー）さ（チョキ）ぎ（パー）お（グー）い（チョキ）し（パー）」という感じです。

これになれたら，手の順番だけを少し変えてみます。今度は，**「グー・チョキ・パー」を「グー・パー・パー」にして**体操をします。

すべてを新しくする必要はありません。前と比べて，**ほんの少しだけ変われば，それはもう「完全リニューアル」**です。

ほかにも「グー・グー・パー」ともすることもできますし，さらに「パー・グー・チョキ」や「チョキ・パー・グー」とすることもできます。ここまで来たら，もう何でもアリです。体操にこうしなければいけないという決まりはありません。

長続きするコツは，小さく変化し続けることです。

7 じょうずな体操支援のヒント1 きちんと体操することにこだわらない

体操をするというと，ラジオ体操のように，全員がいっしょに，同じ動きをするようなイメージがあります。でもそれは，ある程度の身体能力があればこそ，できることです。

支援や介護が必要なシニアの体操では，話が違います。身体能力の個人差が，著しく大きいからです。

シニアの体操に対する，ぼくの考えの基本は，**なんとなく動いてさえいればよい**とすることです。

たまに，ぼくが「グー・パーをしましょう」と言うと，なぜか手拍子をする人がいます。

正確に言えば，それは間違いなのかもしれませんが，ぼくは，そのまま続けてもらいます。だって，間違いなく手は動いているのですから。

そう考えれば，「そのやり方は違います」「こうしてください」などと注意する必要もなくなります。

「グー・パーをしましょう」と言ったときに，手をたたいたり，ひざをたたいたり，なんとなく身体でリズムをとったり，そんなふうに，**いろいろな動きかたをする人がいてもいい**のです。

シニアの体操の目的は，気持ちよく身体を動かすこと。

気持ちよく身体が動いてさえいれば，どんな動きかたでもいいのです。

それが，ぼくの考えるシニアの体操支援です。

8

じょうずな体操支援のヒント2

体操に楽器を利用する

シニアが童謡を歌うところを見て，ぼくは「身体が動く」ことに気づきました。これと同じような経験が，もうひとつあります。

それが「合奏」です。シニアが楽器で音を奏でている行為が，ぼくの目には「運動」をしているように見えたのです。

たとえば，タンバリンをたたけば音を出すために手が動きます。つまり「**音を出す＝運動**」なのです。カスタネットも，鈴も，トライアングルも同じことです。

「楽器をもって，童謡を歌うとどうなるのだろう？」

「きっと手拍子のような感じで，自然と身体が動くんじゃないだろうか？」

そう思って実際に試してみたところ，**楽器を利用することでも自然と身体が動く**ことがわかりました。

さらに，参加者どうしの**楽器を取り替えることで，手の動き（運動機能）を変えることができます**。音が変われば，気分も変わりますから，楽しく長続きします。

もしかしたら，ぼくの考えは，体操というよりも合奏に近いのかもしれません。

それでも，今までの体操のイメージにこだわらず，たとえ楽器を利用した合奏だとしても，シニアの身体が動くのなら，それは立派な体操になります。

体操のレパートリーの増やし方

9 童謡や唱歌を利用して体操を創る

ここで，この本で紹介している体操の創りかたについて，ご説明します。

「自分で体操を創るなんてとんでもない」と思う人もいるかもしれませんが，心配ありません。**ちょっとしたコツを覚えれば，誰にでも簡単にできてしまう**のです。

自分で体操を創作できれば，レパートリーがぐんと増え，もう「マンネリ化」を心配することもなくなります。

まずはじめに，曲選びです。

だれもが知っているような曲で，基本的に明るい曲であれば何でも OK です。暗い曲よりも明るい曲の方がのびのびと動けます。もちろん本書から選んでも OK です。

曲が決まったら，次は動きのパターンを決めます。本書では 5 通りの動きのパターンを紹介しています。

動きパターンの選びかたのコツは，なんとなく曲の雰囲気に合わせることです。

たとえば，大きくバンザイしたい雰囲気とか，元気に足ぶみしたい雰囲気とかです。

ちなみに，「ふじの山」（64 頁）の「ふじは，にっぽんいちのやま」のところは，**大きく動かしたかったので**，バンザイにしました。

体操に決まりはありません。スッキリと，気持ちのよい体操を創りましょう。

10 自分の気持ちにゆとりをつくる方法 体操支援・心がけチェックリスト

最後に，ぼくがおもに，要支援・要介護のシニアを対象に体操をするとき，心がけていることを紹介します。

ぼくは，自分に不安や迷いがあるとき，右のリストを，何度も繰り返し確認しています。

ご自身でレクリエーション活動や体操を支援するときのヒントにしてください。

身体を動かしたくなるように働きかける

□　自分が楽しんで実践する
□　元気を出す
□　笑顔をつくる
□　たくさんほめる

シニアが気軽に安心して参加できるような言葉をかける

□　「大丈夫」「気にしない」

動きの間違いを指摘しない

□　「手をたたく」「ひざをたたく」など，どんな小さな動きでもひとつの運動とみなす
□　たとえ身体を動かさない人がいてもよいと考える（そこにいてくれることに感謝する）

要介護のシニアでもこんなに動ける

千葉県に敬老園ナーシングヴィラ浜野という有料老人ホームがあります。そこで体操支援をするようになってから，10年以上になります。入居者の全員が要介護のシニアです。

「要介護のシニアにどんな体操をするの？」と思う方に，実際に現場でどんなことをしているのかについてお話します。

1回の参加者は平均して20〜30人。ほぼ1時間，声を出しながら身体を動かし続けます。

「要介護の人にも，そんなにできるの？」と思うかもしれませんが，そんなにできるんです。

「ぐう，ぱあ，を**言いながらくり返して**ください」

「ぐう，ぱあ，ぐう，ぱあ……」

「言葉を強くしてくだい」

「ぐうっ！　ぱあっ！　ぐうっ！　ぱあっ！　……」

とてもやさしく，やさしく，強く，とても強くなど，**力加減を少しずつ変えながら，手と口を思う存分に動かします**。

手と口を動かすだけでも，とてもスッキリします。スタッフの話では，その日の夜はぐっすりと眠れるそうです。

歌体操の
5つの基本パターン

① グー・パー

手をにぎる，ひらく

● やりかた

① 立位，座位どちらでも行うことができます。

② 足を肩幅にひらいて，背筋を伸ばします。

③ ひじを曲げて身体につけ，両手を胸の前に出します。

④ 〔グー〕**親指をつかむ**ようにして，手をにぎります。

⑤ 〔パー〕**指と指を大きく広げる**ようにして，手をひらきます。

● リズム

1から8まで，数をかぞえながら行います。

1	2	3	4	5	6	7	8
 グー	→	 パー	→	 グー	→	 パー	→

1でにぎって，2はそのまま。

3でひらいて，4はそのまま……のリズムです。

1～8までを1セットとして，4セット繰り返しましょう。

最初の1セットは弱く，2セットから4セットまで，徐々に力強くしていきましょう。

ポイント

・実際に**数をかぞえながら指を動かしましょう**。
・声を出すことで，全体が活気のあふれる雰囲気になります。

言葉かけの例

「い〜ち，に〜い，さ〜ん，し〜い……」（やさしく言う）
「弱く」「やさしく」「そうっと」「ていねいに」「言葉を弱く」
「いちっ！　にいっ！　さんっ！　しいっ！……」（強く言う）
「強く」「力強く」「力をこめて」「言葉を強く」
「ギュッ！」「パアッ！」
「口と指をいっしょに」

期待される効果

握力の維持と向上，手や腕の機能の維持と向上

② グー・チョキ・パー

● やりかた

① 立位，座位どちらでも行うことができます。

② 足を肩幅にひらいて，背筋を伸ばします。

③ ひじを曲げて身体につけて，手を胸の前に出します。

④ 〔グー〕**親指をつかむ**ようにして手をにぎります。

⑤ 〔チョキ〕**人差し指と中指を大きく広げます**。

⑥ 〔パー〕**5本の指を大きく広げます**。

● リズム

「1・2・3」と，数をかぞえながら行います。

1	2	3	1	2	3	1	2	3

グー	チョキ	パー	グー	チョキ	パー	グー	チョキ	パー

「1・2・3」×3回を1セットとして，4セット繰り返しましょう。

最初の1セットはゆっくりとやさしくていねいに，2セット目から徐々に力強くテンポよくしていきましょう。

● ポイント

・パーのときは，特に小指を大きく広げるようにしましょう。
・実際に声を出しながら行いましょう。「１・２・３」でも「グー・チョキ・パー」でも構いません。

● 言葉かけの例

「指を意識して」「指に気持ちをこめて」

「口と手をいっしょに」

「グ～チョキパ～」（やさしい声で）（ゆっくりと）

「グウッ！　チョキ！　パアッ！」（強い声で）（テンポよく）

● 期待される効果

握力の維持と向上，手や腕の機能の維持と向上，ストレスの発散

③ 手をたたく

手拍子をする

● やりかた

① 立位，座位どちらでも行うことができます。
② 足を肩幅にひらいて，背筋を伸ばします。
③ ゆっくりと手拍子を繰り返します。

● リズム

1から8まで，数をかぞえながら行います。

1	2	3	4	5	6	7	8
 手拍子	休み	 手拍子	休み	 手拍子	休み	 手拍子	休み

1でたたいて，2は休み，3でたたいて，4は休み……のゆっくりしたリズムです。

1～8までを1セットとして，4セット繰り返しましょう。

最初の1セットは小さな音で，2セット目から，徐々に音が大きくなるようにたたきましょう。

● ポイント

・実際に数をかぞえながら，手をたたきましょう。
・小さな音のときは，**小さな動きで小さくやさしい声で**，大きな音のときは，**大きな動きで大きく元気な声で**行いましょう。

● 言葉かけのしかた

「いち，にい，さん，しい……」（小さな声でかぞえる）
「小さな音で」「そうっと」「やさしく」「ていねいに」
「パン」（小さな声で）
「いち，にい，さん，しい……」（大きな声でかぞえる）
「大きな音で」「強くたたく」「もっと強く」
「パンッ！（強い声で）」

● 期待される効果

握力の維持と向上，手や腕の機能の維持と向上

④ バンザイする

● やりかた

① 立位，座位どちらでも行うことができます。

② 足を肩幅にひらいて，背筋を伸ばします。

③ **指を大きく広げながら，徐々に手を下から上に**あげます。

④ 手が一番高いところまであがったら，そこから徐々に下にさげます。

● リズム

1から8まで，数をかぞえながら行います。

1	2	3	4	5	6	7	8
徐々に手をあげる			一番高い	徐々に手をさげる			一番低い

1～4で徐々にあげて，5～8で徐々にさげるようにします。

1～8までを1セットとして，4セット繰り返しましょう。

最初の1セットは両手を低くあげます（うさぎの耳のような感じ）。2セット目から，両手を徐々により低い位置（ひざを曲げてしゃがんでもよい）から，より高くあげるようにしましょう。

● ポイント

・元気に数をかぞえながら手をあげましょう。
・**大きな声を出しながらバンザイをすると，気持ちがとてもスッキリします。**

● 言葉かけの例

「いち，にい，さん，しい」（手をあげながら徐々に強く数える）
「ごお，ろく，しち，はち」（手をさげながら徐々に弱く数える）
「指と指を広げながら」
「床に手がつくぐらいのところから」
「天井をさわるようなつもりで」

● 期待される効果

腕や肩まわりの機能の維持と向上，ストレスの発散

⑤ 足ぶみをする

● やりかた

① 立位，座位どちらでも行うことができます。
② 足を肩幅にひらいて，背筋を伸ばします。
③ 腕を前後に振りながら元気よく足ぶみをします。

● リズム

1～8まで，数をかぞえながら行います。
ひとつで1歩，合計で8歩。
1～8までを1セットとして，4セット繰り返しましょう。

● ポイント

・実際に声に出して数をかぞえながら，足ぶみをしましょう。
・「いちっ！　にいっ！　さんっ！　しいっ！」と，**短く強くかぞえると，元気のよい足ぶみになります**。
・背筋を伸ばして，**肩甲骨から腕を振りましょう**。
・最初の1セットはゆっくりと。2セットから4セットまでは徐々にテンポアップしましょう。
・手だけ，足だけ，手と足いっしょ（それぞれ4セット）と，3つに分けることで，バリエーションが増えます。

● 言葉かけの例

「ゆっくりと」「ていねいに」**「そうっと」**

「元気よく」「強く」

「いちっ！　にいっ！　さんっ！　しいっ！……」

「言葉もいっしょに」「言葉を強く（やさしく）」

「ニッコリと」「笑って」

● 期待される効果

脚の機能の維持と向上，肩や腕の機能の維持と向上，ストレスの発散

仕事はムーブメントクリエイター

ぼくは体操講師です。おもな対象はシニアです。仕事の依頼先は養護，特別養護，有料などの老人ホームです。そこで，体操支援のプロとして活動をしています。

ぼくの知る限りでは，同じような活動をしている運動の専門家はあまり聞いたことがありません。理由はいろいろと考えられますが，今後は，**身体機能の維持や回復を目的として運動を指導する専門家だけではなく，思う存分に身体を動かすように指導する専門家が必要になる**日が必ず来ます。

その証拠に，もう 15 年以上も契約を続けてくださっているところが 2 箇所，10 年以上のところが 2 箇所あります。きちんと報酬をいただいているにもかかわらずに，長い間契約を続けてくださっていることに感謝の気持ちで一杯です。

ぼくは，自分の仕事をムーブメントクリエイターと呼んでいます。自分流に言えば「動きをつくりだす」という意味では，ピッタリだと思っています。

ぼくの仕事は，体操講師，いえ，**ムーブメントクリエイター**です。

心と身体が自然に動く

歌と体操

1 うさぎとかめ

作詞／石原和三郎　作曲／納所弁次郎

もしもし　かめよ　かめさんよ
せかいのうちに　おまえほど
あゆみの　のろい　ものはない
どうして　そんなに　のろいのか

なんと　おっしゃる　うさぎさん
そんなら　おまえと　かけくらべ
むこうの　小山（こやま）の　ふもとまで
どちらが　さきに　かけつくか

どんなに　かめが　いそいでも
どうせ　ばんまで　かかるだろ
ここらで　ちょっと　ひとねむり
グーグー　グーグー　グーグーグー

これは　ねすぎた　しくじった
ピョンピョン　ピョンピョン
ピョンピョンピョン
あんまり　おそい　うさぎさん
さっきの　じまんは　どうしたの

● やさしい動き

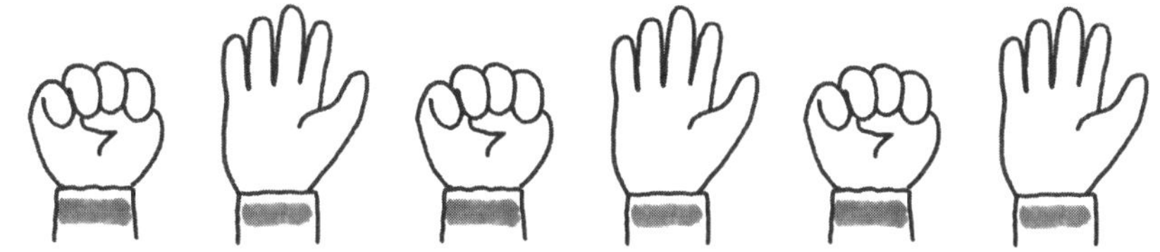

グー	パー	グー	パー	グー	パー
もしもし	**かめよ**	**かめさん**	**よ**	**せかいの**	**うちに**

グー	パー	手拍子	手拍子	手拍子	手拍子
おまえほ	**ど**	**(あ)ゆみの**	**(の)ろい**	**(も)のはな**	**(い)**

手拍子	手拍子	手拍子	手拍子
(ど)うして	**(そ)んなに**	**(の)ろいの**	**(か)**

○のところで
手をたたきます。

● ポイント

・**使用するパターン**：グー・パー（30頁），手をたたく（34頁）。

・元気に明るく，歌いながら行いましょう。動きも軽やかになります。

・**一番の歌詞だけを繰り返して歌ってもOK**です。

● ふつうの動き

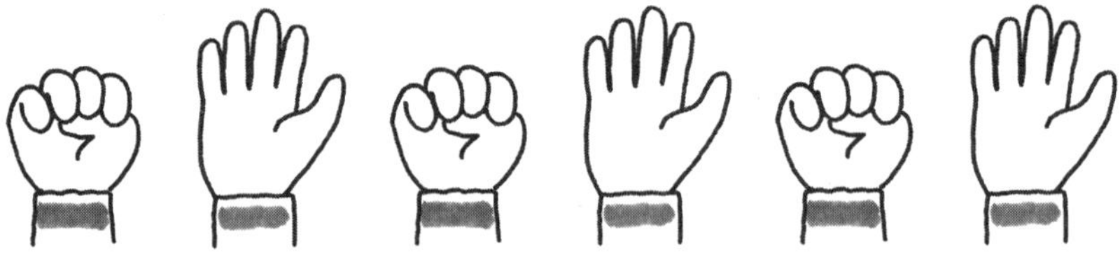

グー	パー	グー	パー	グー	パー
もし	もし	かめ	よ	かめ	さん

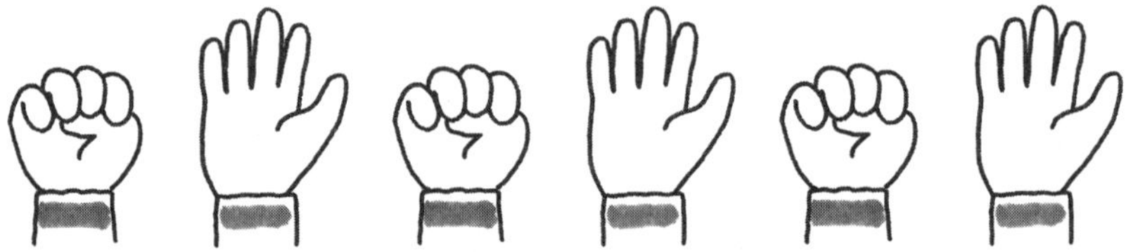

グー	パー	グー	パー	グー	パー
よ		せか	いの	うち	に

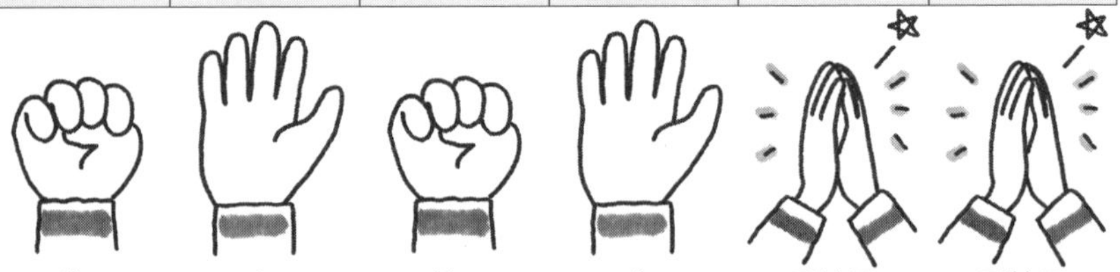

グー	パー	グー	パー	手拍子	手拍子
おま	えほ	ど		(あ)ゆ	(み)の

手拍子	手拍子	手拍子	手拍子	手拍子	手拍子
(の)ろ	い	(も)の	(は)な	(い)	○

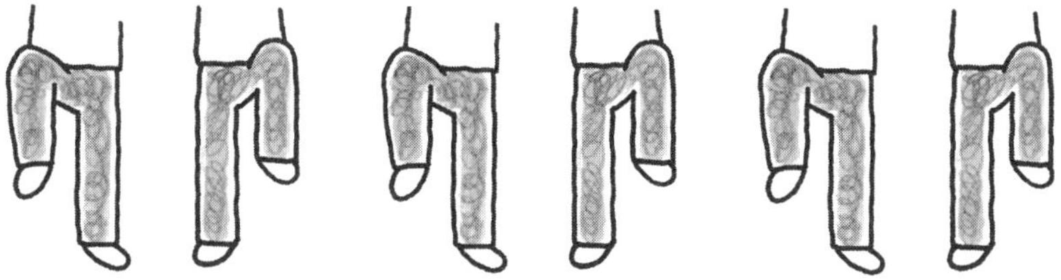

足ぶみ	足ぶみ	足ぶみ	足ぶみ	足ぶみ	足ぶみ
どう	して	そん	なに	のろ	いの

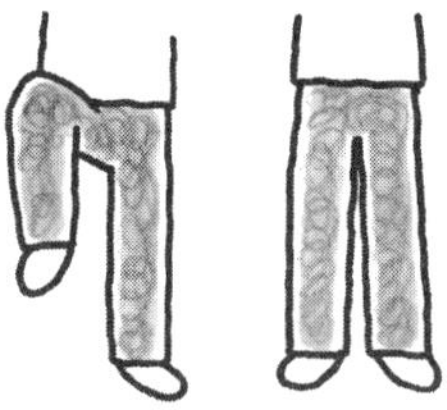

足ぶみ	足ぶみ
か	□

○のところで手をたたきます。
□のところで足ぶみをします。

● ポイント

・**使用するパターン**：グー・パー（30 頁），手をたたく（34 頁），足ぶみをする（38 頁）。
・やさしい動きの倍速モードです。
・伴奏や歌で，リズムを速くしたり遅くしたりして，調整しましょう。
・**はじめはゆっくりと，なれてきたら徐々にテンポアップ**しましょう。
・**最後は，できる限りのハイスピードで行うと**，全体の雰囲気が盛り上がり，運動効果も期待できます。

2 お玉杓子(たまじゃくし)は蛙(かえる)の子(こ)

訳詞／東　辰三・永田哲夫　ハワイ民謡

お玉杓子(たまじゃくし)は　蛙(かえる)の子(こ)
鯰(なまず)の孫(まご)では　ないわいナ
それがナニより　証拠(しょうこ)には
やがて　手(て)が出(で)る　足(あし)も出(で)る

デンデン虫(むし)は　蝸牛(かたつむり)
栄螺(さざえ)の孫(まご)では　ないわいナ
それがナニより　証拠(しょうこ)には
壺焼(つぼやき)しょうにも　蓋(ふた)がない

蛸入道(たこにゅうどう)は　八(やっ)つ足(あし)
烏賊(いか)の兄貴(あにき)じゃ　ないわいナ
それがナニより　証拠(しょうこ)には
烏賊(いか)に鉢巻(はちまき)　出来(でき)やせぬ

風(かぜ)にゆらゆら　薄(すすき)の穂(ほ)
箒(ほうき)の倅(せがれ)じゃ　ないわいナ
それがナニより　証拠(しょうこ)には
薄(すすき)でドラ猫(ねこ)　ドヤされぬ

● やさしい動き

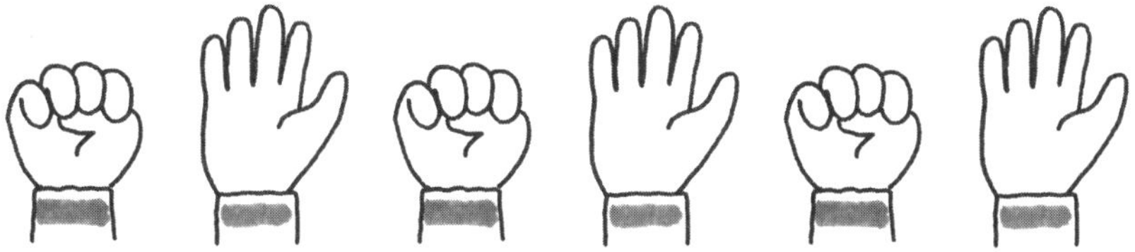

グー	パー	グー	パー	グー	パー
おたま	**じゃくしは**	**かえるの**	**こ**	**なまずの**	**まごでは**

グー	パー	手拍子	手拍子	手拍子	手拍子
ないわい	**な**	**(そ)れが**	**(な)により**	**(し)ょうこに**	**(は)　や**

グー	パー	手拍子	手拍子
がて	**てがでる**	**(あ)しもで**	**(る)**

○のところで
手をたたきます。

● ポイント

・**使用するパターン**：グー・パー（30 頁），手をたたく（34 頁）。

・「やがて手が出る」の「手が出る」のところで，**指を大きく広げましょう**。

● ふつうの動き

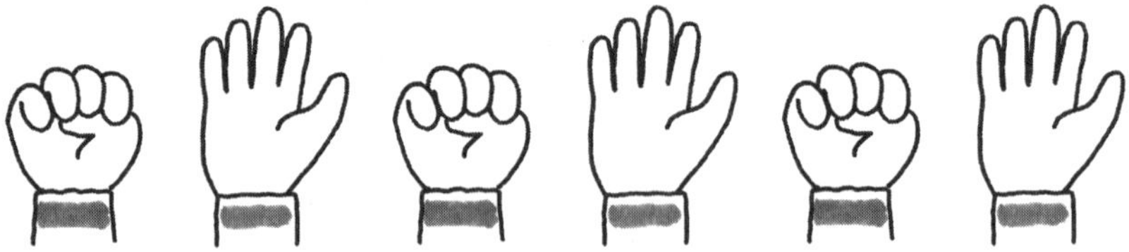

グー	パー	グー	パー	グー	パー
お	**たま**	**じゃく**	**しは**	**かえる**	**の**

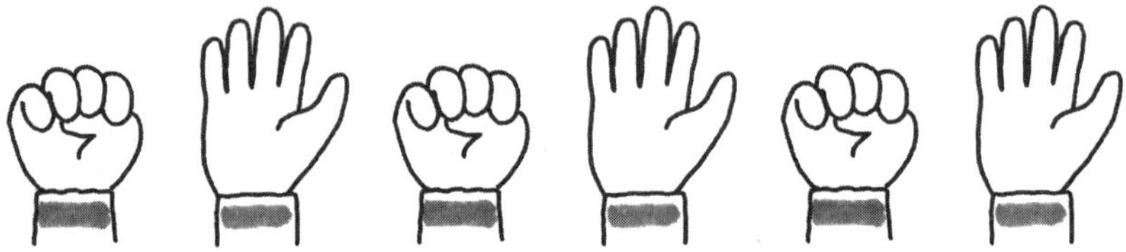

グー	パー	グー	パー	グー	パー
こ		**なま**	**ずの**	**まご**	**では**

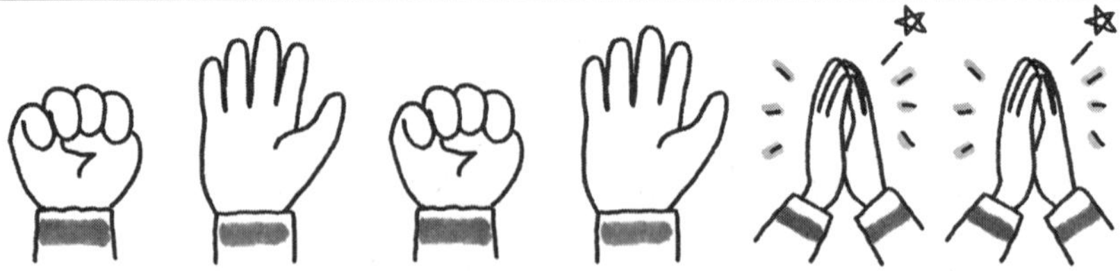

グー	パー	グー	パー	手拍子	手拍子
ない	**わい**	**な**		**㋞**	**㋹が**

手拍子	手拍子	手拍子	手拍子	手拍子	手拍子
㋤に	**㋵り**	**㋛ょう**	**㋙に**	**㋩**	**○　や**

		バンザイ		足ぶみ	足ぶみ
が	て	てが	でる	あし	もで

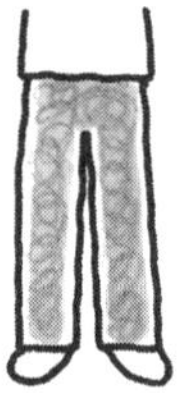

足ぶみ
る

○のところで手をたたきます。□のところで足ぶみをします。

● ポイント

- **使用するパターン**：グー・パー（30頁），手をたたく（34頁），足ぶみをする（38頁）。
- やさしい動きの倍速モードです。
- 「やがて手が出る」の「手が出る」のところで，**手が一番高くなるようにします**（腕を振りおろしながら足ぶみに入ります）。
- **最後は，超ハイスピードで**楽しみましょう。

3 朧月夜（おぼろづきよ）

作詞／髙野辰之　作曲／岡野貞一

菜（な）の花畠（はなばたけ）に　入（い）り日（ひ）薄（うす）れ
見（み）わたす山（やま）の端（は）　霞（かすみ）ふかし
春風（はるかぜ）そよふく　空（そら）を見（み）れば
夕月（ゆうづき）かかりて　におい淡（あわ）し

里（さと）わの火影（ほかげ）も　森（もり）の色（いろ）も
田中（たなか）の小路（こみち）を　たどる人（ひと）も
蛙（かわず）のなくねも　かねの音（おと）も
さながら霞（かす）める　朧月夜（おぼろづきよ）

● やさしい動き

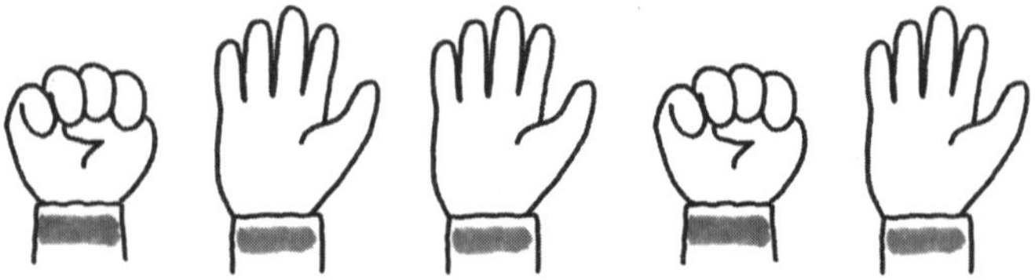

(パー)	グー	パー	パー	グー	パー
なの	は	な	ばた	け	に

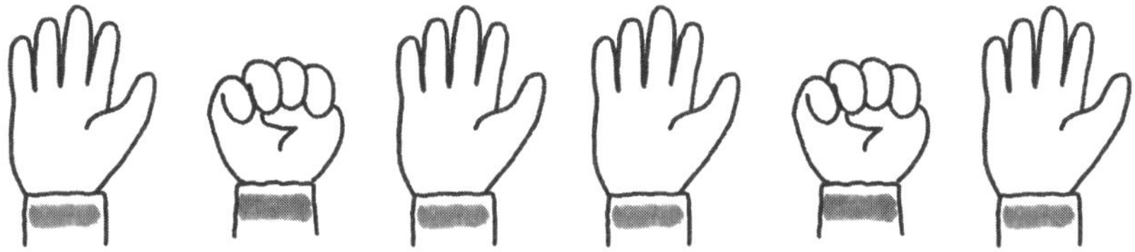

パー	グー	パー	パー	グー	パー
い	**り**	**ひ**	**うす**	**れ**	**ー**

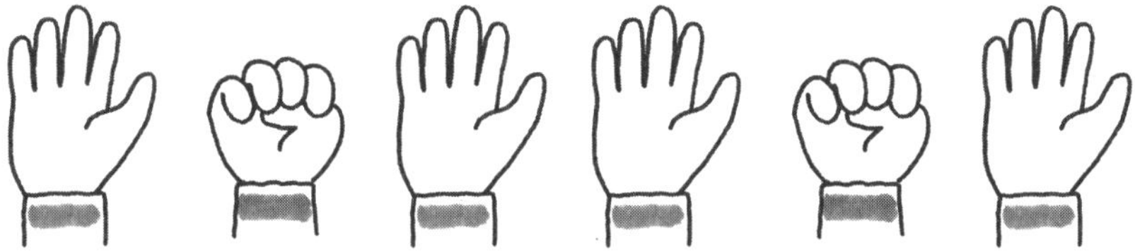

パー	グー	パー	パー	グー	パー
みわ	**た**	**す**	**やま**	**の**	**は**

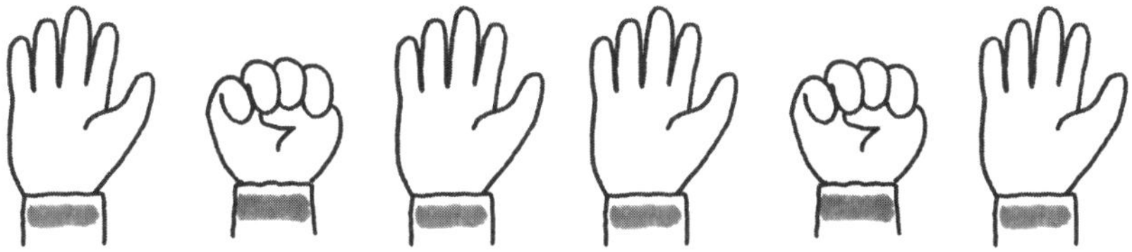

パー	グー	パー	パー	グー	パー
か	**す**	**み**	**ふか**	**し**	**ー**

パー	手拍子	手拍子	手拍子	手拍子	手拍子
はる	**㋕**	○　**ぜ**	**㋞よ**	**㋫**	**㋗**

手拍子	手拍子	手拍子	手拍子	手拍子	手拍子
(そ)	(ら)	◯　を	(み)れ	(ば)	(ー)

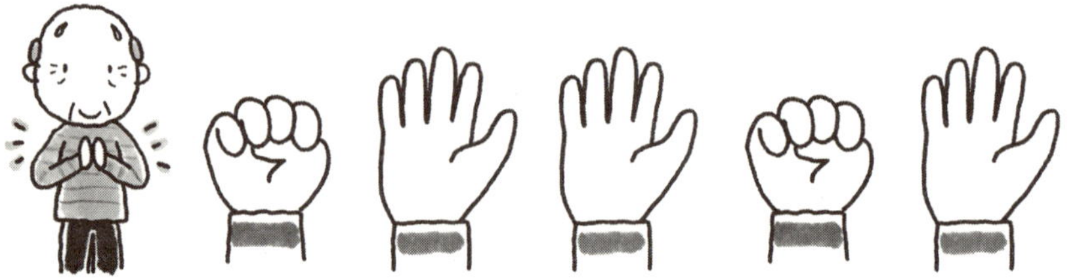

手拍子	グー	パー	パー	グー	パー
(ゆ)う	づ	き	かか	り	て

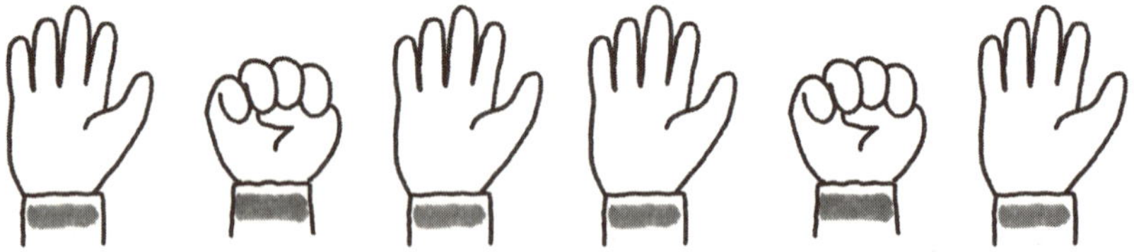

パー	グー	パー	パー	グー	パー
に	お	い	あわ	し	ー

○のところで手をたたきます。

● ポイント

・**使用するパターン**：グー・チョキ・パー（32 頁，チョキをパーにかえています），手をたたく（34 頁）。

・「なのはなばたけ」の**「は（グー）」からスタート**します。

・**グーを強くパーを弱くします**。グー（強）・パー（弱）・パー（弱）。

● ふつうの動き

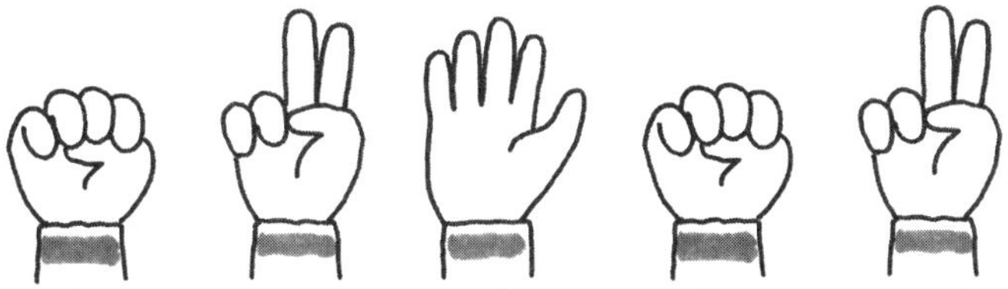

（パー）	グー	チョキ	パー	グー	チョキ
なの	**は**	**な**	**ばた**	**け**	**に**

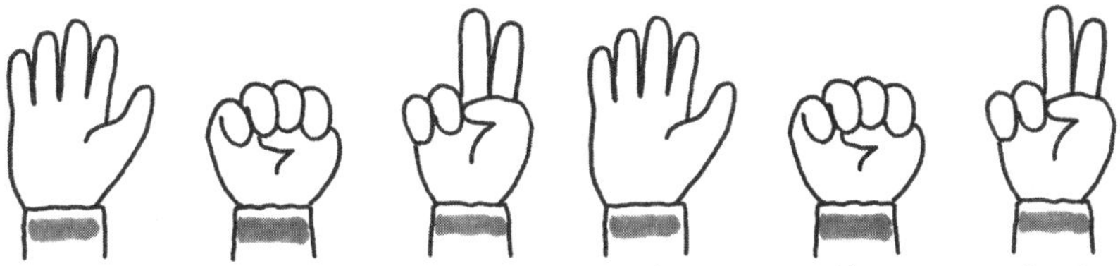

パー	グー	チョキ	パー	グー	チョキ
い	**り**	**ひ**	**うす**	**れ**	**ー**

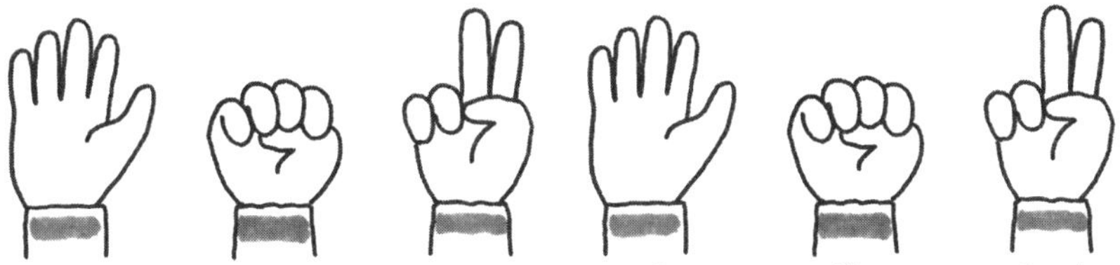

パー	グー	チョキ	パー	グー	チョキ
みわ	**た**	**す**	**やま**	**の**	**は**

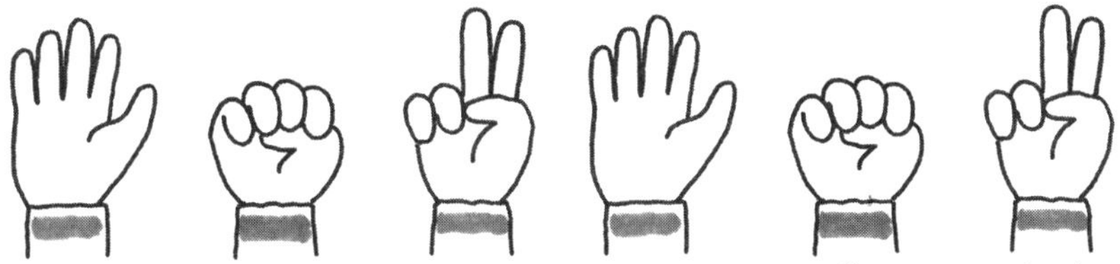

パー	グー	チョキ	パー	グー	チョキ
か	**す**	**み**	**ふか**	**し**	**ー**

パー　バンザイ　おろす

はる	か	ぜ	そよ	ふ	く

バンザイ　おろす

そ	ら	を	みれ	ば	ー

グー　チョキ　パー　グー　チョキ

ゆう	づ	き	かか	り	て

に	**お**	**い**	**あわ**	**し**	**ー**

● ポイント

・**使用するパターン**：グー・チョキ・パー（32頁），バンザイする（36頁）。
・**（グー・チョキ・パー）は，ゆっくりとていねいに，バンザイは，元気に大きく**動かしましょう。
・「そうっと」「ゆっくりと」「ていねいに」「大きく」「元気に」「のびのびと」など，**言葉かけをしながら行うと，より運動効果が期待できます**。

4 靴(くつ)が鳴(な)る

作詞／清水かつら　作曲／引田龍太郎

お手(て)てつないで　野道(のみち)をゆけば
みんなかわい　小鳥(ことり)になって
歌(うた)をうたえば　靴(くつ)が鳴(な)る
晴(は)れたみ空(そら)に　靴(くつ)が鳴(な)る

花(はな)をつんでは　お頭(つむ)にさせば
みんなかわい　うさぎになって
はねて踊(おど)れば　靴(くつ)が鳴(な)る
晴(は)れたみ空(そら)に　靴(くつ)が鳴(な)る

● やさしい動き

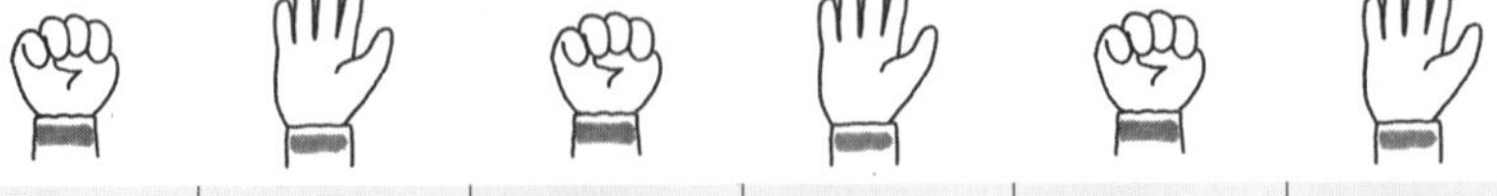

おて	**て**	**つない**	**で**	**のみ**	**ちを**

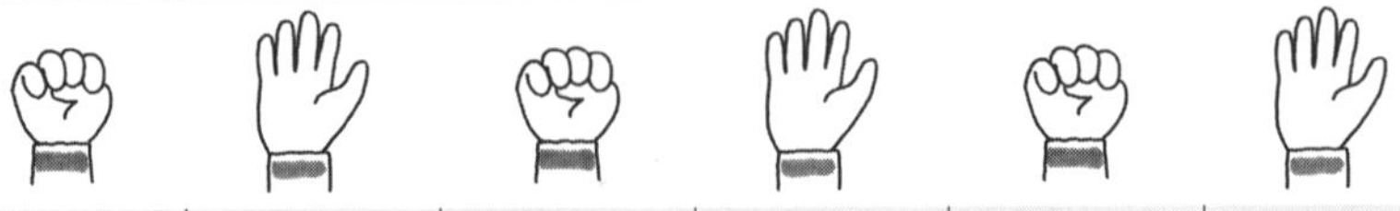

ゆけ	**ば**	**みん**	**な**	**かわ**	**い**

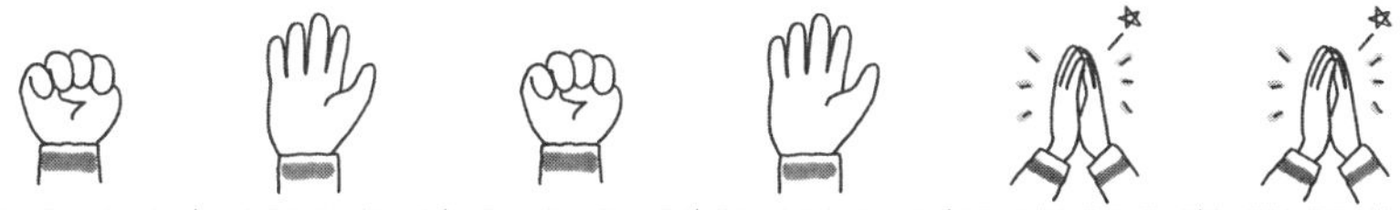

こと	りに	な	って	(う)	(た)を

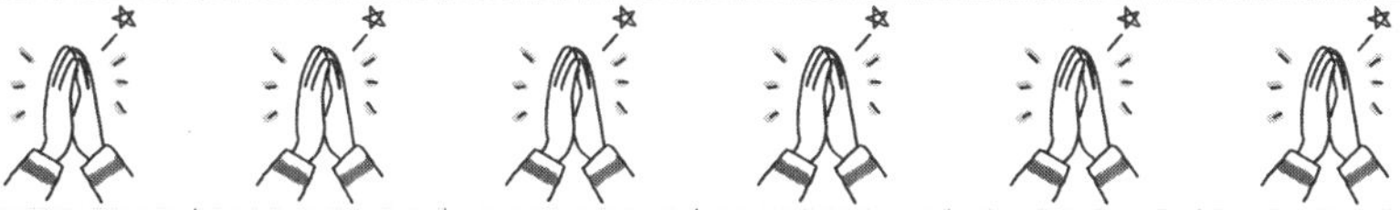

(う)た	(え)ば	(く)つ	(が)な	(る)	(ー)

は	れた	みそ	らに	(く)つ	(が)な

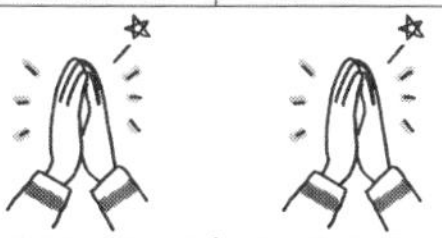

(る)	(ー)

○のところで手をたたきます。

● ポイント

・**使用するパターン**：グー・パー（30 頁），手をたたく（34 頁）。

・**「晴れたみ空に」で，指を大きく広げてバンザイ**をしましょう。

・元気に明るく歌いながら行うと，とてもよい運動になります。

・**ゆっくりとていねいに歌いながら行う**と，疲れずに長く続けることができます。

● ふつうの動き

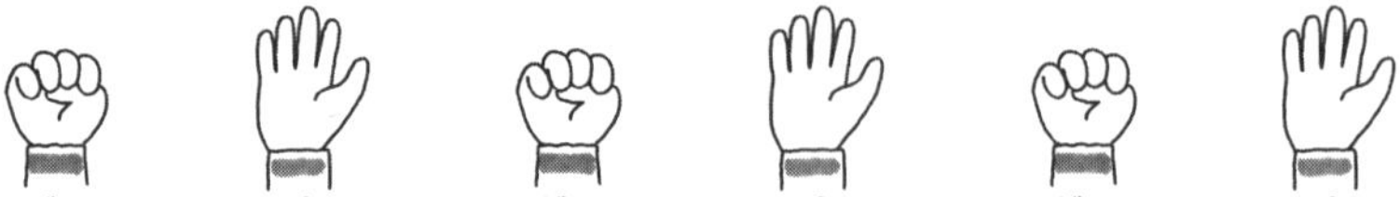

グー	パー	グー	パー	グー	パー
おて	て	つない	で	のみ	ちを

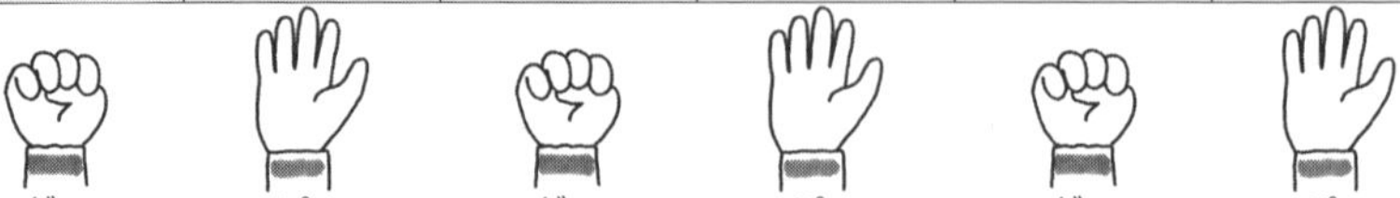

グー	パー	グー	パー	グー	パー
ゆけ	ば	みん	な	かわ	い

グー	パー	グー	パー		足ぶみ
こと	りに	な	って	うー	たを

うた	えば	くつ	がな	るー	ーー

バンザイしておろす　　　　足ぶみ

は	れた	みそ	らに	くつ	がな

るー	ーー

□のところで足ぶみをします。

● ポイント

・**使用するパターン**：グー・パー（30 頁），バンザイする（36 頁），足ぶみをする（38 頁）。

・「お手て」から「小鳥になって」までは，ゆっくりとていねいに動かしましょう。

・「歌をうたえば」から最後までは，とくに**元気に明るく歌いながら行いましょう**。

5 ドンパン節(ぶし)

秋田県民謡

ドンドン　パンパン　ドンパンパン
ドンドン　パンパン　ドンパンパン
ドド　パパ　ドド　パパ　ドンパンパ

お酒(さけ)飲(の)む人(ひと)　可愛(かわい)いね
飲(の)んでくだまきゃ　なお可愛(かわい)い
ふらりふらりと　九人(くにん)連(づ)れ
右(みぎ)に左(ひだり)に　四人(よにん)連(づ)れ

ドンドン　パンパン　ドンパンパン
ドンドン　パンパン　ドンパンパン
ドド　パパ　ドド　パパ　ドンパンパ

唄(うた)コきくなら　黙(だま)って聞(き)け
上手(じょうず)もあれば　下手(へた)もある
みなもこごさきて　唄(うた)ってみれ
なかなか思(おも)うよに　いかねもんだ

● やさしい動き

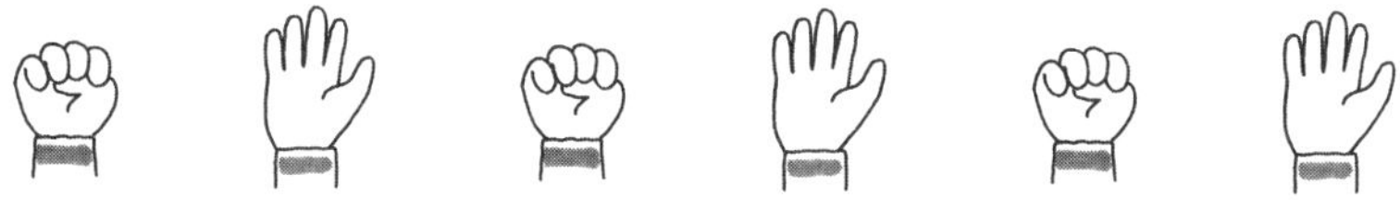

ドンドン	パンパン	ドンパン	パン	ドンドン	パンパン

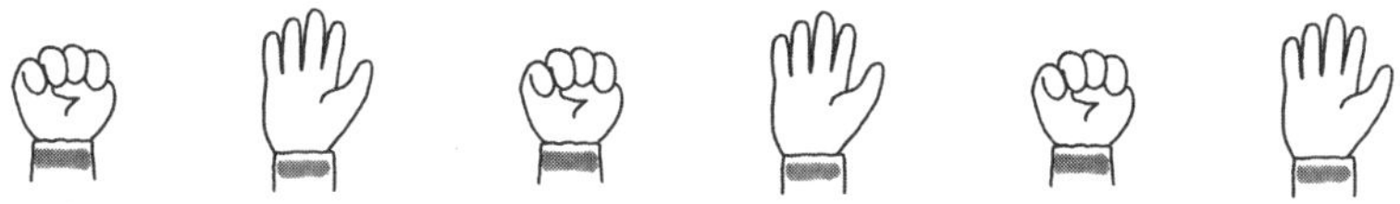

ドンパン	パン	ドドパパ	ドドパパ	ドンパン	パン

お(さ)け	のむ(ひ)と	かわ(い)い	ね ○	の(ん)で	くだ(ま)きゃ

なお(か)わ	い (い)	ふ(ら)り	ふら(り)と	くに(ん)づ	れ ○

み(ぎ)に	ひだ(り)に	よに(ん)ず	れ ○

○のところで
手をたたきます。

● ポイント

・**使用するパターン**：グー・パー（30 頁），手をたたく（34 頁）。

・「ぎゅっ！」「ぱあっ！」「指に力をこめて」「指に気持ちを込めて」などと，**言葉かけしながら行いましょう**。

● ふつうの動き

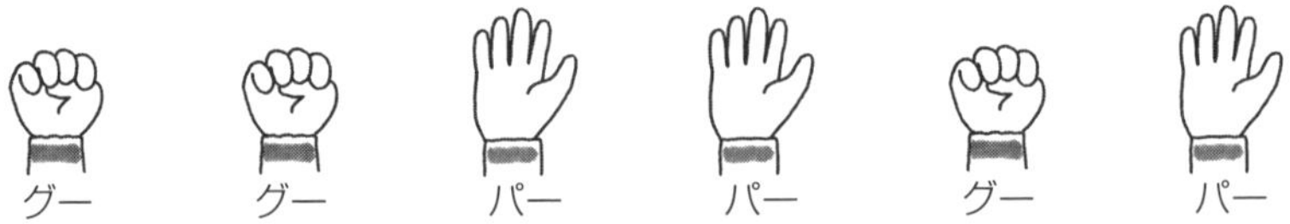

ドン	**ドン**	**パン**	**パン**	**ドン**	**パン**

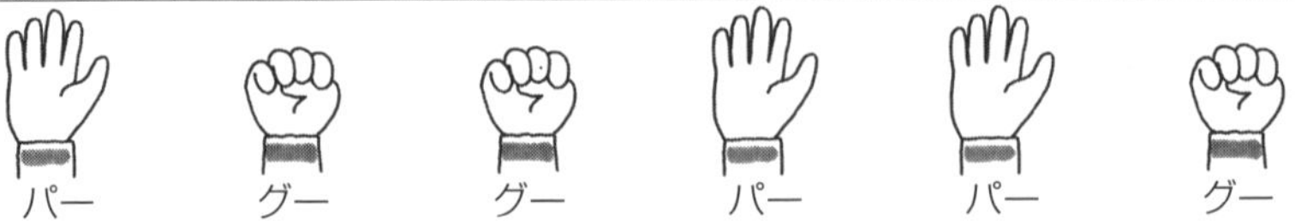

パン	**ドン**	**ドン**	**パン**	**パン**	**ドン**

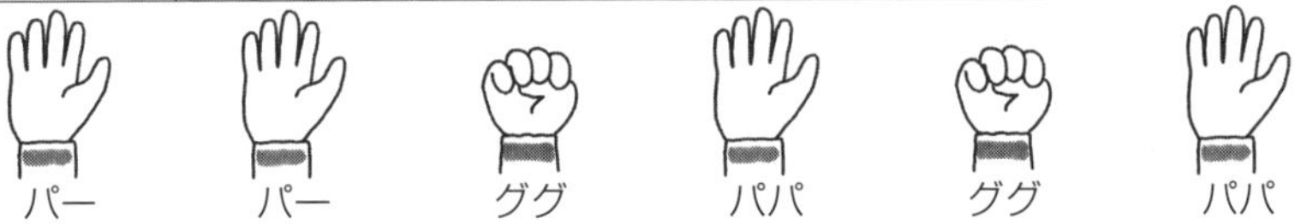

パン	**パン**	**ドド**	**パパ**	**ドド**	**パパ**

ドン	**パン**	**パン**	**お**	**さけ**	**のむ**

ひと	**かわ**	**いい**	**ね**	**ー**	**の**

んで	**くだ**	**まきゃ**	**なお**	**かわ**	**い**

(い)	ふ	(ら)り	ふら	(り)と	くに

(ん)づ	れ	(ー)	み	(ぎ)に	ひだ

(り)に	よに	(ん)づ	れ	(ー)

○のところで手をたたきます。

● ポイント

- **使用するパターン**：グー・パー（30 頁），手をたたく（34 頁）。
- 歌詞の **「ドン」を（グー），「パン」を（パー）** にします。
- 「ドドパパ」は，（グ・グ・パ・パ）」と，すばやく行います。
- 「ドンドンパンパンドンパンパン」の歌詞を「グーグーパーパーグーパーパー」と，かえて歌ってもいいでしょう。
- 宴会のように，**明るく楽しく歌いながら**動きましょう。

6 ふじの山（やま）

作詞／巌谷小波

あたまを雲（くも）の上（うえ）に出（だ）し
四方（しほう）の山（やま）を見（み）おろして
かみなりさまを下（した）にきく
ふじは日本一（にっぽんいち）の山（やま）

青（あお）ぞら高（たか）くそびえたち
からだに雪（ゆき）のきものきて
かすみのすそをとおくひく
ふじは日本一（にっぽんいち）の山（やま）

● やさしい動き

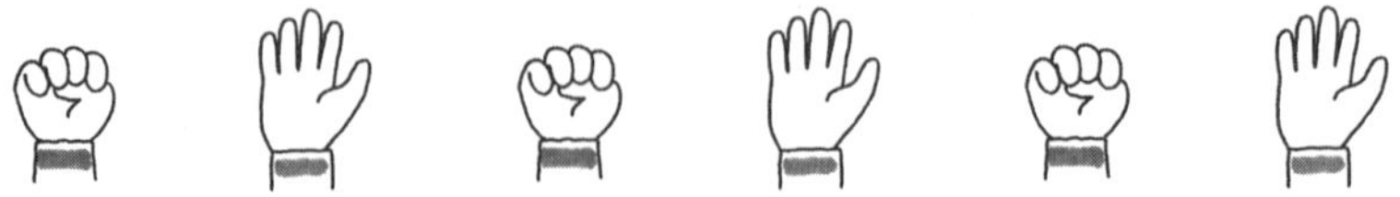

あた	まを	くも	の	うえ	にだ

し	ー	しほ	うの	や	まを

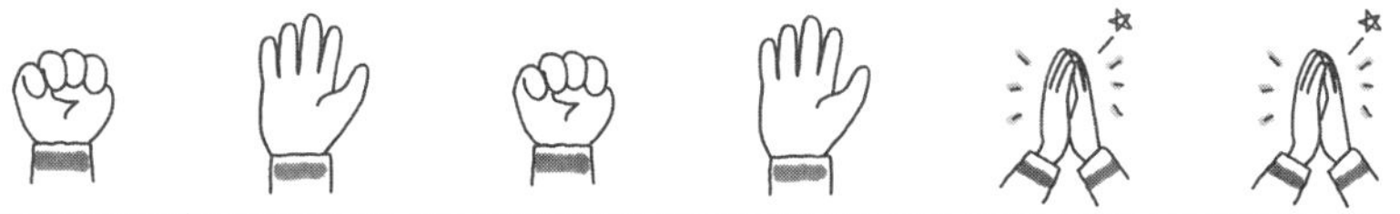

みお	ろし	て	ー	(か)み	(な)り

(さ)ま	(を)	(し)た	(に)き	(く)	(ー)

バンザイしておろす　　　　バンザイ

ふ	じは	にっ	ぽん	いち	のや

おろす

ま	ー

○のところで手をたたきます。

● ポイント

- **使用するパターン**：グー・パー（30 頁），バンザイする（36 頁），手をたたく（34 頁）。
- 握るとき，開くときの**指の動きを，しっかり意識しましょう。**

● ふつうの動き

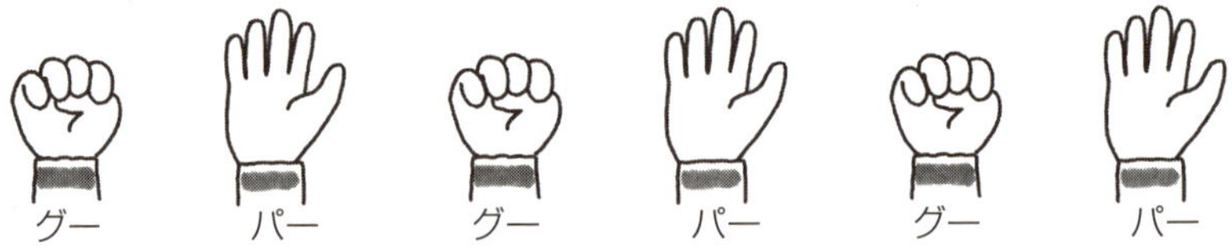

あた	まを	くも	の	うえ	にだ

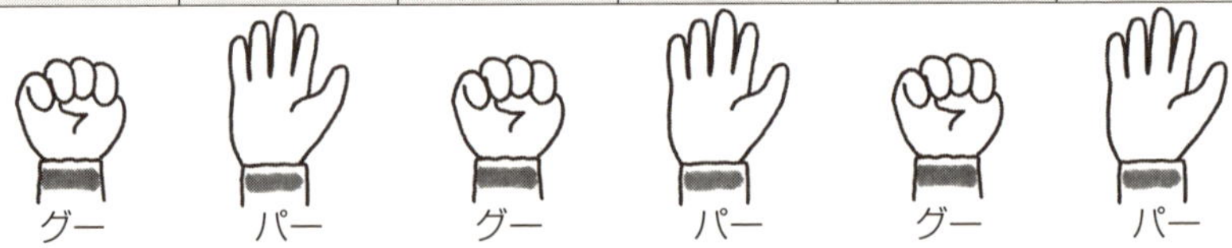

し	ー	しほ	うの	や	まを

みお	ろし	て	ー	か□み	なり

さま	を□	し□た	にき	く□	ー□

バンザイしておろす　　　　　　　　　　バンザイ

ふ	じは	にっ	ぽん	いち	のや

おろす

ま	ー

○のところで手をたたきます。
□のところで足ぶみをします。

● ポイント

- **使用するパターン**：グー・パー（30 頁），足ぶみをする（38 頁），バンザイする（36 頁）。
- 「やさしい動き」の**手をたたくところが，「足ぶみ」に変わります**。
- 元気に腕を振りながら，１歩１歩しっかりと，ふみしめるように足ぶみをしましょう。
- 元気に歌いながら行いましょう。**声をしっかりと出せば，自然と元気が出る**ようになります。
- 最後は，大きくバンザイをして，スッキリとおわりましょう。

7

故郷（ふるさと）

作詞／高野辰之　作曲／岡野貞一

兎（うさぎ）追（お）いし　かの山（やま）　小鮒（こぶな）釣（つ）りし　かの川（かわ）
夢（ゆめ）は今（いま）も　めぐりて　忘（わす）れがたき　故郷（ふるさと）

如何（いか）にいます　父母（ちちはは）　恙（つつが）なしや　友（とも）がき
雨（あめ）に風（かぜ）に　つけても　思（おも）い出（い）ずる　故郷（ふるさと）

こころざしを　はたして　いつの日（ひ）にか　帰（かえ）らん
山（やま）はあおき　故郷（ふるさと）　水（みず）は清（きよ）き　故郷（ふるさと）

● やさしい動き

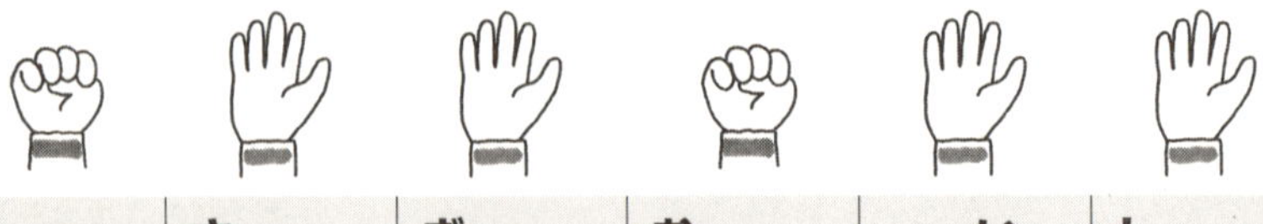

う	さ	ぎ	お	い	し

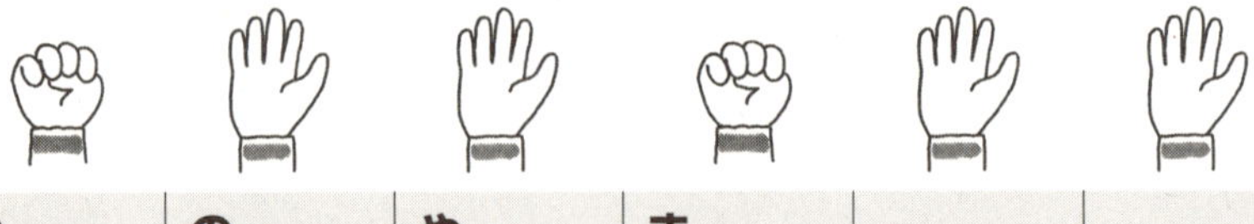

か	の	や	ま	ー	

こ	ぶ	な	つ	り	し

か	の	か	わ	ー	

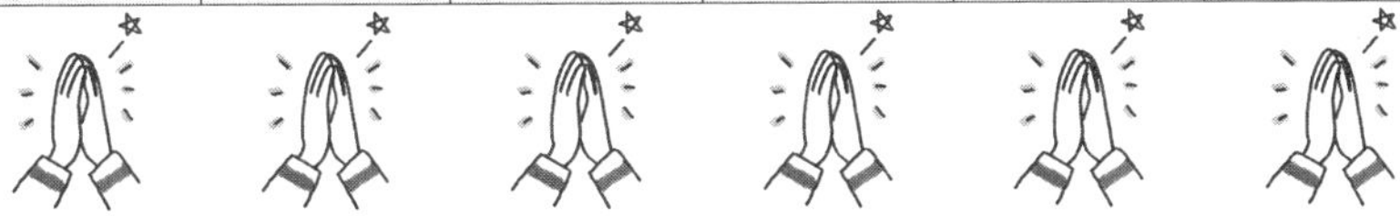

ゆ	め	は	い	ま	も

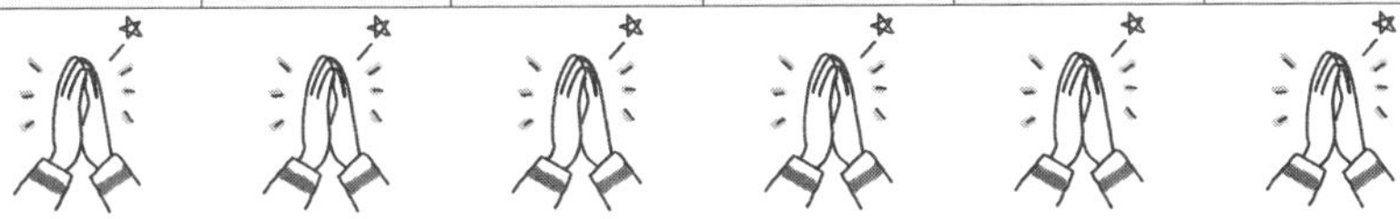

め	ぐ	ー	り	て	

わ	す	れ	が	た	き

ふ	る	さ	と	ー	

● ポイント

・**使用するパターン**：グー・チョキ・パー（32 頁），手をたたく（34 頁）。

● ふつうの動き

う	さ	ぎ	お	い	し

か	の	や	ま	ー	

こ	ぶ	な	つ	り	し

か	の	か	わ	ー	

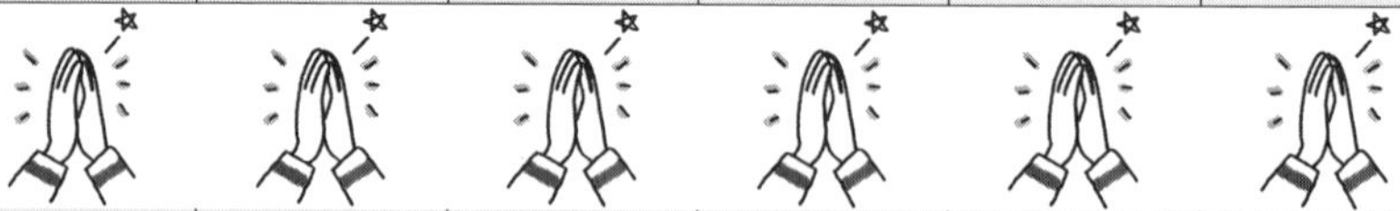

ゆ	め	は	い	ま	も

め	ぐ	ー	り	て	

わ	す	れ	が	た	き

ふ	る	さ	と	ー	

● ポイント

・**使用するパターン**：グー・チョキ・パー（32 頁），手をたたく（34 頁），バンザイする（36 頁）。

・手の動き（グー・チョキ・パー）が，あまりいそがしくならないように，**伴奏や歌でテンポを調整しましょう。**

・**「ふるさ～」で徐々に手を上**に，**「と～」で徐々に手を下**にさげます。

・（グー・チョキ・パー）を，（パー・グー・チョキ）や（チョキ・パー・グー）にかえて行ってみましょう。

8 紅葉(もみじ)

作詞／髙野辰之　作曲／岡野貞一

秋(あき)の夕日(ゆうひ)に　照(て)る山紅葉(やまもみじ)
濃(こ)いも薄(うす)いも　数(かず)ある中(なか)に
松(まつ)をいろどる　楓(かえで)や蔦(つた)は
山(やま)のふもとの　裾模様(すそもよう)

溪(たに)の流(なが)れに　散(ち)り浮(う)く紅葉(もみじ)
波(なみ)にゆられて　はなれて寄(よ)って
赤(あか)や黄色(きいろ)の　色(いろ)さまざまに
水(みず)の上(うえ)にも　織(お)る錦(にしき)

● やさしい動き

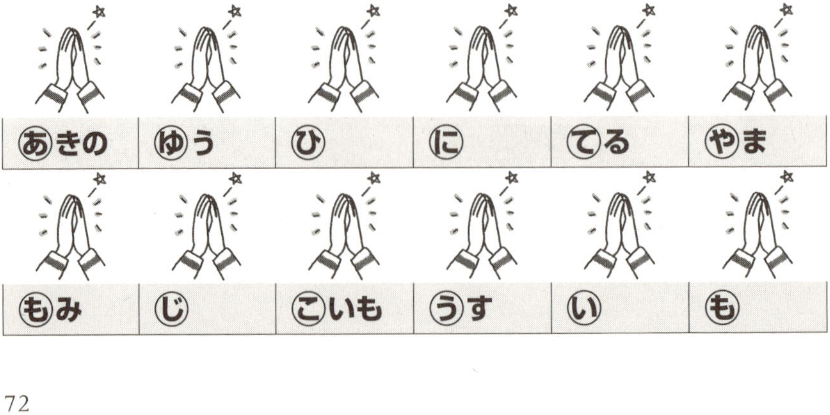

あきの	ゆう	ひ	に	てる	やま
もみ	じ	こいも	うす	い	も

手拍子	手拍子	手拍子	手拍子	バンザイ	
(か)ず	(あ)る	(な)か	(に)	まつを	いろ

おろす		バンザイ		おろす	
ど	る	かえ	でや	つた	は

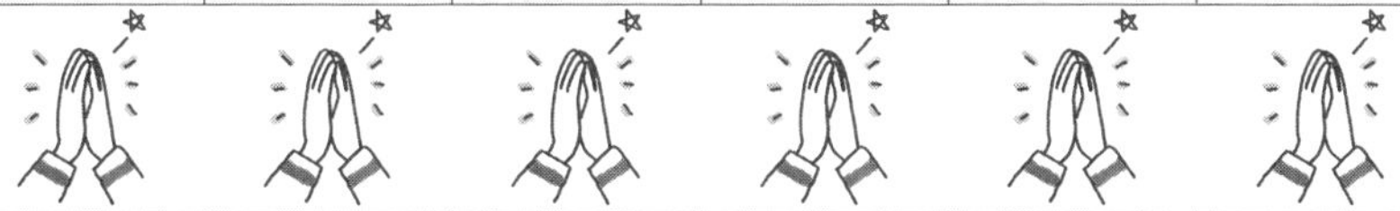

(や)まの	(ふ)も	(と)	(の)	(す)そ	(も)よ

(う)	(ー)

○のところで手をたたきます。

● ポイント

- **使用するパターン**：手をたたく（34 頁），バンザイする（36 頁）。
- 手だけではなく，身体全体でリズムをとるようにして，行いましょう（身体を左右にゆする，身体を上下する，など）。

● ふつうの動き

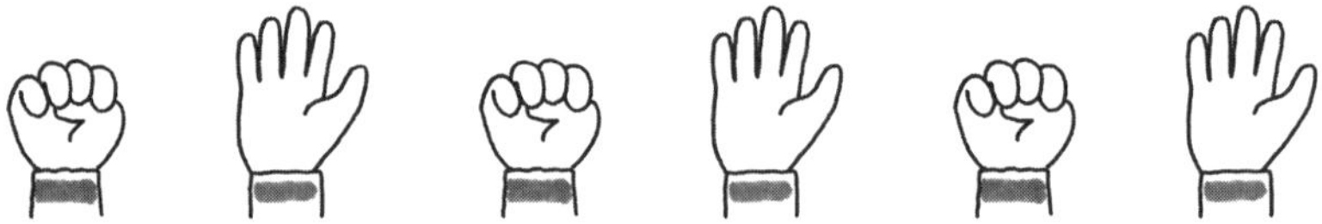

あきの	ゆう	ひ	に	てる	やま

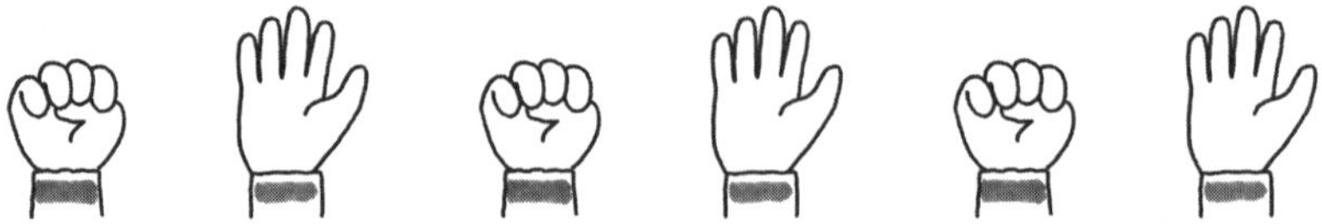

もみ	じ	こいも	うす	い	も

バンザイ

かず	ある	なか	に	まつを	いろ

おろす　バンザイ　おろす

ど	る	かえ	でや	つた	は

バンザイ

やまの	**ふも**	**と**	**の**	**すそ**	**もよ**

おろす

う	**ー**

● ポイント

・**使用するパターン**：グー・パー（30頁），バンザイする（36頁）。
・最後は，気持ちよくスッキリと，バンザイでおわりましょう。
・「ゆっくりと」「ていねいに」「そうっと」「気持ちよく」「スッキリと」など，ところどころで，**言葉かけをしながら行いましょう**。

9 夏(なつ)は来(き)ぬ

作詞／佐々木信綱　作曲／小山作之助

卯(う)の花(はな)の　匂(にお)う垣根(かきね)に
時鳥(ほととぎす)　早(はや)も来(き)鳴(な)きて
忍音(しのびね)もらす　夏(なつ)は来(き)ぬ

さみだれの　そそぐ山田(やまだ)に
早乙女(さおとめ)が　裳裾(もすそ)ぬらして
玉苗(たまなえ)植(う)うる　夏(なつ)は来(き)ぬ

橘(たちばな)の　薫(かお)るのきばの
窓近(まどちか)く　蛍(ほたる)飛(と)びかい
おこたり諌(いさ)むる　夏(なつ)は来(き)ぬ

楝(おうち)ちる　川辺(かわべ)の宿(やど)の
門遠(かどとお)く　水鶏(くいな)声(こえ)して
夕月(ゆうづき)すずしき　夏(なつ)は来(き)ぬ

五月(さつき)やみ　蛍(ほたる)飛(と)びかい
水鶏(くいな)鳴(な)き　卯(う)の花(はな)咲(さ)きて
早苗(さなえ)植(う)えわたす　夏(なつ)は来(き)ぬ

● やさしい動き

(う)のは	(な)の	(に)おうか	(き)ねに	(ほ)とと	(ぎ)す

(は)やもき	(な)きて	(し)の	(び)ね	(も)ら	(す)　な

バンザイしておろす

つ	はき	ぬ	ー

○のところで
手をたたきます。

● ポイント

・**使用するパターン**：手をたたく（34 頁），バンザイする（36 頁）。

・口を大きくあけて**気持ちよく歌いながら行いましょう**。

・ゆったりとしたリズムで歌える，おすすめの１曲です。

● ふつうの動き

うの	はなの	におうか	きねに	ほとと	ぎす

バンザイしておろす

はやもき	なきて	しの	びね	もら	す　　な

バンザイしておろす

つ	はき	ぬ	ー

● ポイント

・**使用するパターン**：グー・パー（30 頁），バンザイする（36 頁）。
・手だけではなく，**身体全体でリズムをとるつもり**で，行いましょう（からだを左右にゆらす，からだを上下するなど）。
・最後は，大きくバンザイをして，スッキリとおわりましょう。
・**背中側から両手を振りあげるようなつもりでバンザイする**と，動きが大きくなります。
・「そうっと」「ていねいに」「やさしく」「大きく」「背中から」など，**言葉をかけながら行う**と，運動効果がさらにアップします。

10 港(みなと)

作詞／旗野十一郎　作曲／吉田信太

空(そら)も港(みなと)も　夜(よ)ははれて
月(つき)に数(かず)ます　船(ふね)の影(かげ)
はしけの通(かよ)い　にぎやかに
よせくる波(なみ)も　黄金(こがね)なり

林(はやし)なしたる　帆柱(ほばしら)に
花(はな)と見(み)まごう　船旗章(ふなじるし)
積荷(つみに)の歌(うた)の　にぎわいて
港(みなと)はいつも　春(はる)なれや

● やさしい動き

そ	ら	も	みな	と	も

よは	は	れ	て	ー	

つ	き	に	かず	ま	す

ふね	の	か	げ	ー	

	バンザイ			おろす	
はし	け	の	か	よ	い

	バンザイ			おろす	
にぎ	や	か	に	ー	

よせ	く	る	な	み	も

こが	ね	な	り	ー	

● ポイント

- **使用するパターン**：グー・パー（30 頁），バンザイする（36 頁）。
- 「いち・にい・さん，いち・にい・さん」の **3 拍子のリズム**です。
- **グーを強く，パーを弱く**するようにしてください（強，弱，弱）。

● ふつうの動き

そ	ら	も	みな	と	も

よは	は	れ	て	ー	

つ	き	に	かず	ま	す

ふね	の	か	げ	ー	

はし	け	の	か	よ	い

にぎ	や	か	に	ー	○

よせ	く	る	な	み	も

こが	ね	な	り	ー	

○のところで手をたたきます。

● ポイント

- **使用するパターン**：グー・チョキ・パー（32 頁），手をたたく（34 頁），バンザイする（36 頁）。
- （グー・チョキ・パー）で，3 拍子をきざみます。
- **グーを強くし，チョキとパーは弱くする**ようにしてください。
- 最初から最後まで（グー・チョキ・パー）で通すと，指の運動量がさらにアップします。
- 最後は，大きくバンザイをして，スッキリとおわりましょう。

11 七つの子

作詞／野口雨情　作曲／本居長世

烏　なぜ啼くの
烏は山に
可愛い七つの
子があるからよ

可愛　可愛と
烏は啼くの
可愛　可愛と
啼くんだよ

山の古巣へ
行って見て御覧
丸い眼をした
いい子だよ

● やさしい動き

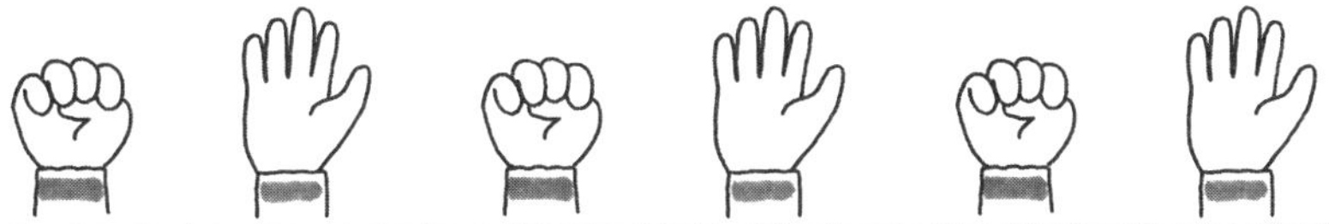

から	す	なぜなく	の	からすは	やま

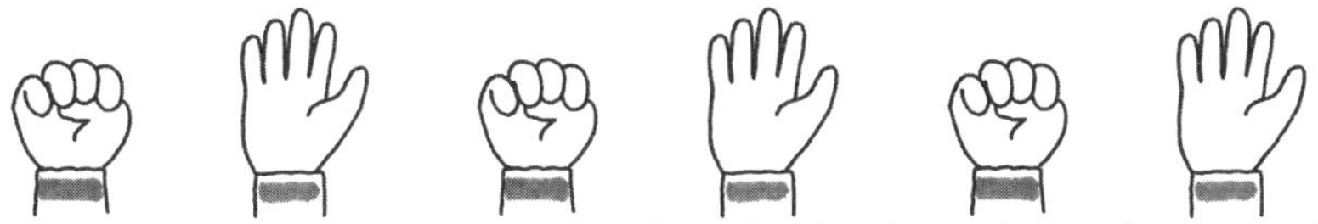

に		かわ	いい	なな	つの

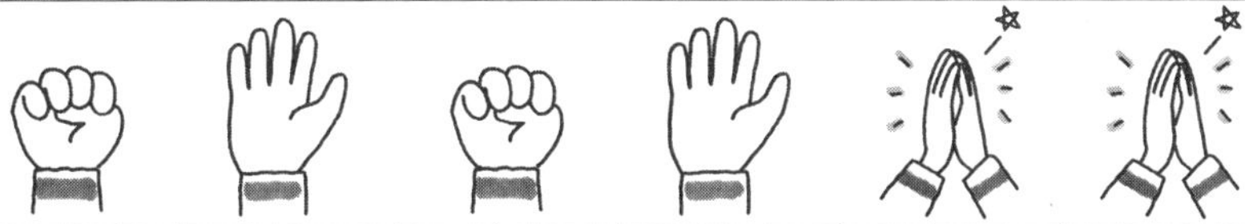

こがある	から	よ	ー	かわ	い

かわ	いと	から	すは	なく	の

かわ	い	かわ	いと	なく	んだ

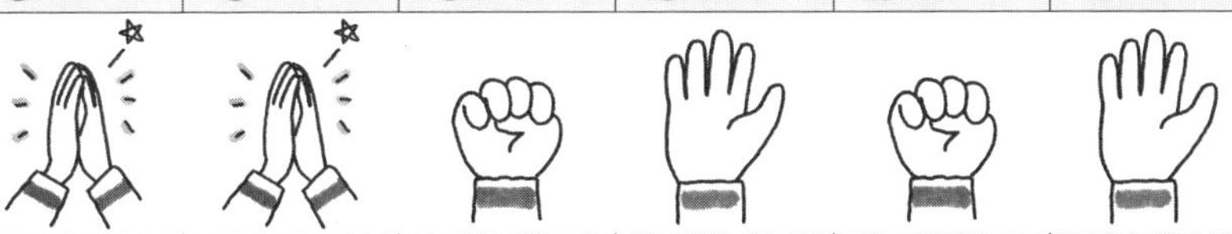

よ	ー	やま	の	ふるす	に

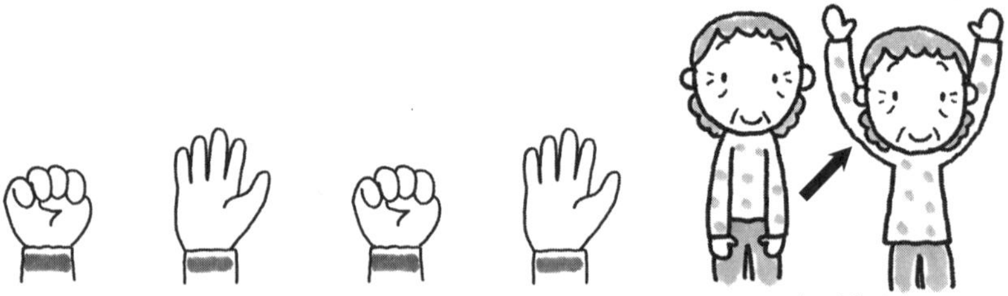

いってみて	**ごら**	**ん**	**ー**	**まー**	**るい**

めを	**した**	**いい**	**こだ**	**よ**	**ー**

○のところで手をたたきます。

● ポイント

・**使用するパターン**：グー・パー（30 頁），手をたたく（34 頁），バンザイする（36 頁）。

・とても心が和むオススメの１曲です。

・（グー・パー）のところを，すべて（手をたたく）に変えると，さらに簡単な動きなります。

・ゆっくりとていねいに，**手と指の動きを意識しながら**，動かしましょう。

● ふつうの動き

バンザイ　　おろす　　バンザイ

から	す	なぜなく	の	からすは	やま

おろす　　バンザイ　　おろす

に		かわ	いい	なな	つの

バンザイ　　おろす

こがある	から	よ	ー	かわ	い

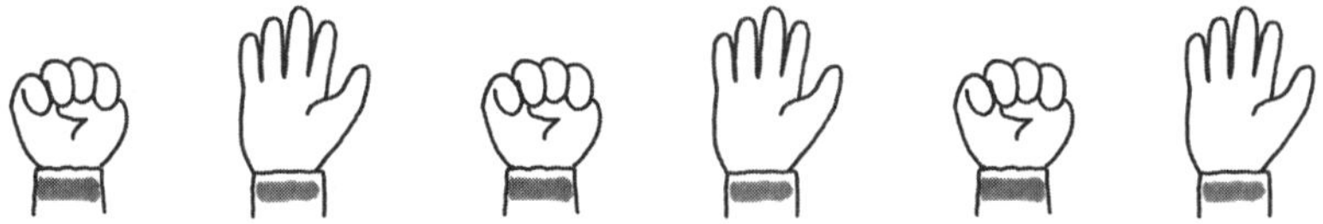

かわ	いと	から	すは	なく	の

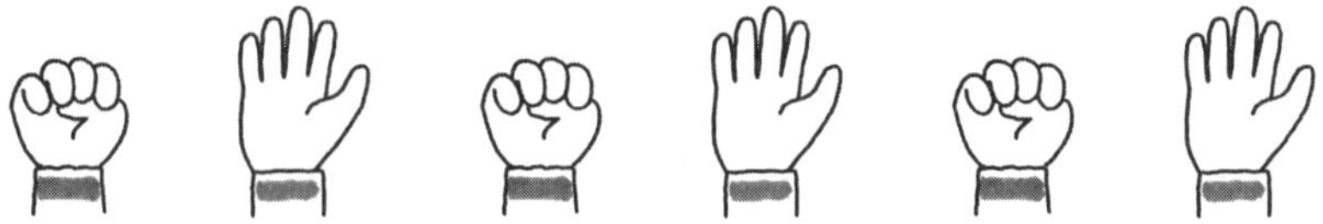

かわ	い	かわ	いと	なく	んだ

よ	ー	やま	の□	ふるす	に□

いってみて	ごら	ん□	ー□	まー	るい

めを	**した**	**いい**	**こだ**	**よ**	**ー**

□のところで足ぶみをします。

● ポイント

・**使用するパターン**：バンザイする（36 頁），グー・パー（30 頁），足ぶみをする（38 頁）。

・バンザイが全部で 6 回あります。**思う存分に動かしてください。**

・（グー・パー）のところは，小さい動きで，その前後は，元気よく大きな動きにしましょう。

・「大きく」「元気よく」「小さく」「そうっと」「ていねいに」など，そのつど**言葉をかけながら行う**と，運動効果がアップします。

おわりに

理屈にこだわらず気持ちよくのびのびと

音に合わせて身体が動く
メロディーが先やら動きか先か
どっちが先でも良いではないか
楽しいことには違いはないのだ

「ミュージーの“詩”より抜粋」

これを読むと，なんとなく気持ちが楽になります。きっと，**「身体を動かすということは，あまり決められたやりかたにこだわる必要はない**のですよ。楽しみながら行うことが大切ですよ」そう言っているような気がします。

最近の体操は，「正しいやりかたはこうで」「注意事項はこうで」「目的はこうで」「効果はこうで」など，あまりにも理屈にこだわりすぎているような気がします。

もちろん理屈も大切ですが，あまりにも理屈にとらわれすぎて，体操がつまらなくなってしまいそうです。

理屈はほどほどにして，もっと気軽に身体を動かしてはいかがでしょう？　そうすれば，心も身体もスッキリします。

おわりに

この本で紹介する体操は，実際の現場で実践できるように，要介護・要支援のシニアにできるような，どれも簡単でやさしいものばかりです。

とはいえ，「本に書いてあるとおりにやらなければいけない」などということは，決してありません。

あくまでも，**楽しみながら気持ちよく身体を動かすことを優先してください。**

多少テンポがずれても，動きを間違えても，そんなことは，これっぽっちも気にする必要はありません。

思う存分に声を出しながら，身体を動かしてください。気持ちよく身体を動かせればそれでいいのですから。

歌に合わせて身体が動く
理屈が先やら動きが先やら
どちらが先でも良いではないか
楽しいことに違いないのだ

ムーブメントクリエイター　斎藤道雄

クオリティ・オブ・ライフ・ラボラトリー

体操講師派遣のご案内

自立から要支援，要介護までのシニアを対象にした，運動の専門家，体操支援のプロを派遣いたします。

現場スタッフの声

「先生は，お年寄りに大人気です」30 代男性スタッフ
「こんなに元気が出るなんて驚きました」40 代女性スタッフ
「先生のやり方は素敵です」50 代女性スタッフ
「(スタッフにとって) 勉強になることがたくさんあります」
50 代女性スタッフ
「これまでは年配の講師が多かったけれど，(それに比べると) 若い男性の先生でとてもうれしい」40 代女性スタッフ

クオリティ・オブ・ライフ・ラボラトリー事業案内

・**体操講師派遣**：デイホーム，老人ホームなどの高齢者施設，保育園，幼稚園ほか。
・**現場スタッフのためのスキルアップセミナー**：運動や体操，活動型ゲームの知識と技術の向上を目的と講演，研修会。
・**レクリエーション活動の相談**：運動や体操などのレクリエーション活動についてのお悩みの相談。

氏名，ご依頼内容，ご連絡先を明記の上，メールまたは，ファックスでお気軽にご相談ください。

メール：info@michio-saitoh.com　ファックス：03-3302-7955
http://www.michio-saitoh.com/

著者紹介

●斎藤道雄

体操講師，クオリティ・オブ・ライフ・ラボラトリー主宰。

まるで魔法をかけたようにシニアのからだを動かす「体操支援のプロ」として活躍。自立するシニアだけではなく，「介護を必要とするシニアにこそ体操支援の専門家が必要」とし，多くの介護施設で定期的に体操支援を実践中。

これまでの「体操」のやり方や，「高齢者」という言葉のイメージにとらわれずに，あくまでも一人ひとりが思う存分にからだを動かすように支援する。言葉がもつ不思議な力を研究し，相手のからだだけではなく気持ちや心に働きかける「斎藤流体操支援法」を編み出す。現場スタッフからは「まるでお年寄りが若返るような体操」「これまでの体操の認識が変わった」「うちのレクリエーションがとても小さく思えた」「（うちの利用者に）こんなに元気があったんだ」と評判となり，顧客を広げる。現場に体操講師を派遣するほか，現場スタッフのための「支援する側もされる側も幸せになる体操支援セミナー」も根強い人気を呼んでいる。

〔おもな著書〕

『シニアのための座ってできる健康体操 30 & 支援のヒント 10』『車椅子の人も片麻痺の人もいっしょにできる楽しいレク 30 & 支援のヒント 10』『シニアもスタッフも幸せになるハッピーレクリエーション』（以上，黎明書房），『介護スタッフ 20 のテクニック―遊びから運動につなげる 50 のゲーム』『身近な道具でらくらく介護予防―50 のアイディア・ゲーム』（以上，かもがわ出版）ほか多数。

イラスト・渡井しおり

要支援・要介護の人も楽しめる
シニアの心と身体が自然に動く歌体操22

2011年9月15日　初版発行
2012年7月10日　2刷発行

著　者　斎藤道雄
発行者　武馬久仁裕
印　刷　株式会社　太洋社
製　本　株式会社　太洋社

発行所　株式会社　黎明書房

〒460-0002　名古屋市中区丸の内3-6-27　EBSビル
☎052-962-3045　FAX052-951-9065　振替・00880-1-59001
〒101-0047　東京連絡所・千代田区内神田1-4-9　松苗ビル4階
☎03-3268-3470

落丁本・乱丁本はお取替します。　ISBN978-4-654-05693-4

日本音楽著作権協会(出)許諾第1109702-202号